MADs

GROSSE

FREAK-SHOW

GEZEICHNET UND GESCHRIEBEN VON

Al Jaffee

Herausgegeben von Al Feldstein

Deutsche Fassung von Herbert Feuerstein

Ein MAD-Taschenbuch des Williams-Verlages

Deutsches

MAD

Die vernünftigsten Bücher der Welt

ISBN 3-8071-0114-4

Postfach 52 06 06, 2000 Hamburg 52

Satz: alphabeta Gerds & Kohn GmbH, Hamburg
Handlettering: Brigitte Juchniewicz
Druck: Ebner Ulm
Printed in Germany

EINFÜHRUNG

DER MAD-FREAK-UND-AUSFLIPP-TEST

Hallo, Freak! Sind Sie auch wirklich einer? Wenigstens zeitweise? Besitzen Sie die Fähigkeit, auszuflippen? Gelten Sie als Teilzeit-Monster, Akut-Spinner oder Durchdreh-Hirni? Für den Fall, daß Sie auch nur den geringsten Zweifel daran haben – dieser Test verschafft endlich Klarheit!

Bitte wählen Sie die Antwort a, b oder c:

1. Sie sind in einem Restaurant und wollen statt dem Blattspinat lieber Blumenkohl. Wenn der Ober sagt, „Geht nicht“, dann...
   a) würgen Sie den Spinat runter und kotzen diskret;
   b) geben Sie ihm um 1 Prozent weniger Trinkgeld;
   c) werfen Sie ihn durch die gläserne Eingangstür.
2. Sie sind im Nichtraucher-Abteil. Wenn ein Zwei-Meter-Gorilla eine Zigarre anzündet...
   a) setzen Sie sich schweigend die Gasmaske auf, die Sie für solche Fälle immer bei sich tragen;
   b) halten Sie die Luft an, bis er fertiggeraucht hat;
   c) zünden Sie ebenfalls was an, bevor Sie abhauen . . . nämlich eine Bombe.

3. Sie fühlen sich sterbenselend und kriegen endlich einen Termin beim Doktor. Sie sind pünktlich zur Stelle, müssen aber drei Stunden warten, wonach Sie...
   a) mit der Sprechstundenhilfe harmlose Witzchen darüber machen;
   b) friedlich den Geist aufgeben;
   c) Platzpatronen ins Stethoskop des Doktors feuern.
4. Sie haben in einer langen Schlange vor einer Supermarktkasse angestanden. Kurz bevor Sie drankommen, geht die Kassiererin zum Mittagessen, worauf Sie...
   a) ausrufen: „Guten Appetit!";
   b) durch Schlucken eines Tiefkühl-Hähnchens Selbstmord begehen;
   c) ihren Einkaufswagen mit 100 km/h gegen eine Pyramide aufgestapelter Sauerkrautdosen sausen lassen.
5. Sie waren schon zum fünften Mal wegen derselben Sache in der Autowerkstatt. Als Sie beim Rausfahren merken, daß die Karre immer noch nicht funktioniert...
   a) kicken Sie sie und sagen: „Verdammt!";
   b) tauschen Sie sie gegen ein Moped um;
   c) stellen Sie sie in Richtung „Reparaturannahme", nageln den Gashebel bis zum Anschlag fest und starten von außen den Motor!
6. Sie wollen in der Drogerie die Fotos von Ihrer Hochzeitsreise abholen. Als man Ihnen sagt, das Negativ sei leider im Labor ruiniert worden...
   a) bedanken Sie sich herzlich dafür, daß Sie kostenlos einen Ersatzfilm gekriegt haben;
   b) heiraten Sie ein zweites Mal, um neue Bilder machen zu können;
   c) heuern Sie einen blinden Elefanten und jagen ihn durch den Laden!

AUSWERTUNG:

★ Wenn alle Antworten (c) lauten ... gratuliere! Sie sind ein Profi-Freak und werden an diesem Buch viel Spaß haben!
★ In allen anderen Fällen: Sie brauchen dringend Hilfe!

Eine ausgeflippte Wildwest-Geschichte 7
Eine ausgeflippte Tier-Geschichte 15
Eine ausgeflippte Wunderlampen-Geschichte 19
Eine ausgeflippte Restaurant-Geschichte 25
Eine ausgeflippte Rollstuhl-Geschichte 31
Eine ausgeflippte Marionetten-Geschichte 41
Eine ausgeflippte Zigarren-Geschichte 45
Eine ausgeflippte Palmeninsel-Geschichte 55
Eine ausgeflippte Duell-Geschichte 63
Eine ausgeflippte Ski-Geschichte 69
Eine ausgeflippte Uhren-Geschichte 77
Eine ausgeflippte Schönheitschirurgen-Geschichte 83
Eine ausgeflippte Schnellimbiß-Geschichte 91
Eine ausgeflippte Galgen-Geschichte 95
Einige ausgeflippte Fußspur-Geschichten 101
Eine ausgeflippte Bergsteiger-Geschichte 109
Eine ausgeflippte Taucher-Geschichte 115
Eine ausgeflippte KingKong-Geschichte 123
Eine ausgeflippte Hunde-Geschichte 129
Eine ausgeflippte Ameisenbär-Geschichte 135
Eine ausgeflippte Glücksspiel-Geschichte 141
Eine ausgeflippte Zirkus-Geschichte 147
Eine ausgeflippte Hinrichtungs-Geschichte 153
Eine ausgeflippte Werbe-Geschichte 160

MAD's
GROSSE
FREAK-SHOW
VON
al Jaffee
MAD's

Eine ausgeflippte
Wildwest-Geschichte
oder:

ZU VIEL BLEI
IN DER LUFT IST
GESUNDHEITSSCHÄDLICH

TEXAS BANK

ZAPP!
ZAPP!
ZAPP!
ZAPP!

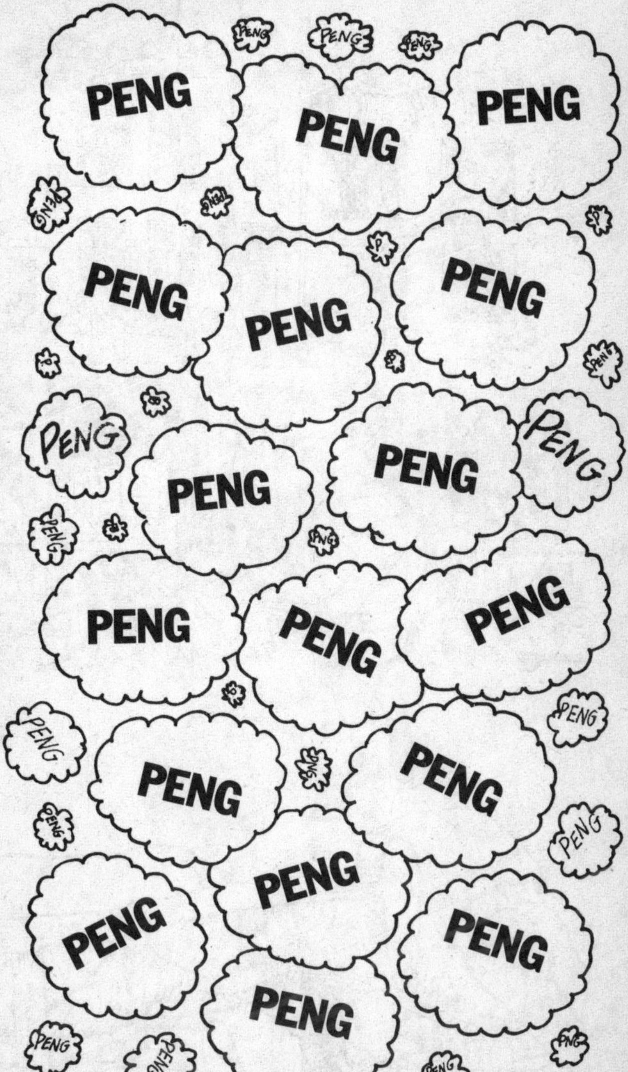
PENG
PENG
PENG
PENG
PENG
PENG
PENG
PENG
PENG
PENG
PENG
PENG
PENG
PENG
PENG
PENG
PENG
PENG
PENG
PENG
PENG

… und zwischendurch eine ausgeflippte

MINI-FREAK-GESCHICHTE

Eine ausgeflippte Tier-Geschichte oder:

ENTE GUT, ALLES GUT

PTOONNG!

Eine ausgeflippte Wunderlampen-Geschichte oder: *WIE GEDACHT, SO GEMACHT*

HILFE

HILFE
RUBBEL RUBBEL

HILFE

Eine ausgeflippte Restaurant-Geschichte oder:

LIEBER EINE TAUBE AUF DEM DACH ALS EIN FROSCH IM HALS

SCHMATZ
SCHLÜRF
RÜLPS

DM 20

RESTAURANT

… und zwischendurch eine ausgeflippte

MINI-FREAK-GESCHICHTE

Eine ausgeflippte Rollstuhl-Geschichte oder: *AUF DIE SCHIEFE BAHN GERATEN*

NR. 13

IDEE
NR. 13

NR.13

... und zwischendurch eine ausgeflippte

MINI-FREAK-GESCHICHTE

Eine ausgeflippte Marionetten-Geschichte
oder:
OFT HÄNGT ALLES AN EINEM FADEN

… und zwischendurch eine ausgeflippte

MINI-FREAK-GESCHICHTE

Eine ausgeflippte Zigarren-Geschichte oder: *HUMOR IST, WENN ES TROTZDEM KRACHT*

* BILLIG! *
KNALL-
ZIGARREN
GARANTIE:
GELD ZURÜCK,
WENN TRICK
VERSAGT!

DM

BILLIG!
KNALL-
ZIGARREN
SCHERZ-
ARTIKEL
DM

BILLIG
KNALL-
ZIGARREN
DM

... und zwischendurch eine ausgeflippte

MINI-FREAK-GESCHICHTE

Eine ausgeflippte Palmeninsel-Geschichte oder: *LIEBE IST EIN FESTES BAND*

… und zwischendurch eine ausgeflippte

MINI-FREAK-GESCHICHTE

Eine ausgeflippte Duell-Geschichte oder: *JEDER STUSS EIN TREFFER*

SCHERZ-
ARTIKEL
HOFLIEFERANT

Eine ausgeflippte Ski-Geschichte oder:

AUF DER FALSCHEN SPUR

Aha! Der alte Witz mit der **„Skispur rund um den Baum herum"!** – Aber **ICH** falle darauf **nicht** rein ... ich weiß **genau,** wie so was **gemacht** wird!

KNACK
KARACK!
Lächerlich! Da müßte man sich schon verdammt viel mehr einfallen lassen, um MICH mit so einer alten Kiste reinzulegen!

RUMPEL
BUMPEL
WUMPEL

KARAK!

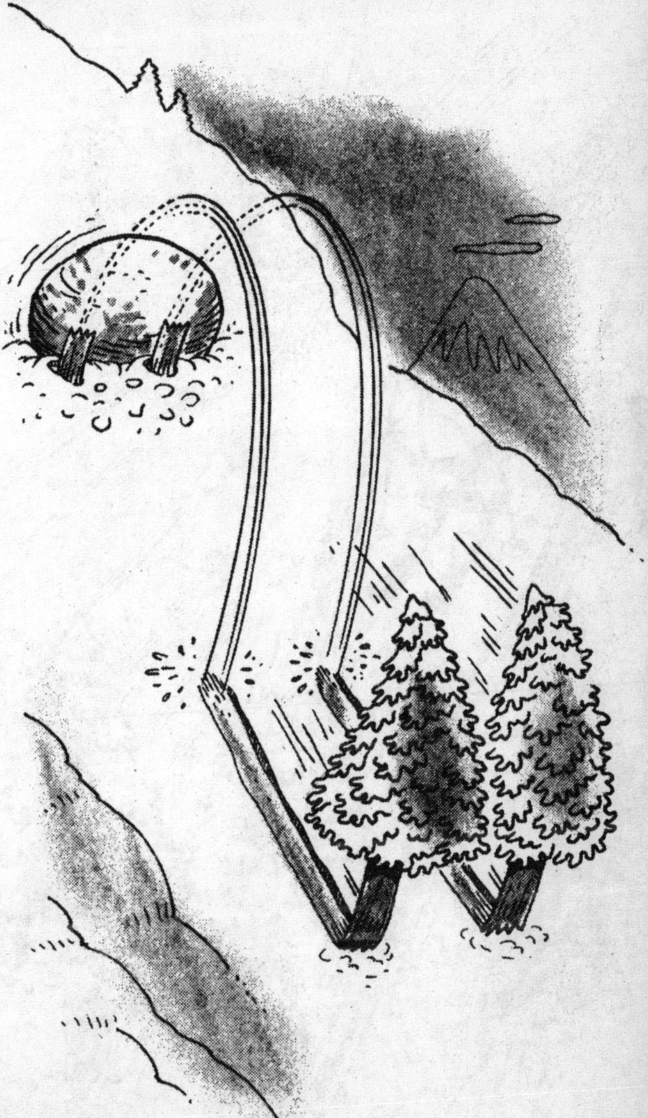

Eine ausgeflippte Uhren-Geschichte oder:

ES IST ALLES EINE FRAGE DER ZEIT

Glaube mir: Eine **DIGITAL-UHR** hat da **große Vorteile!**

Vorteil Nummer eins:
Absolute Ganggenauigkeit!

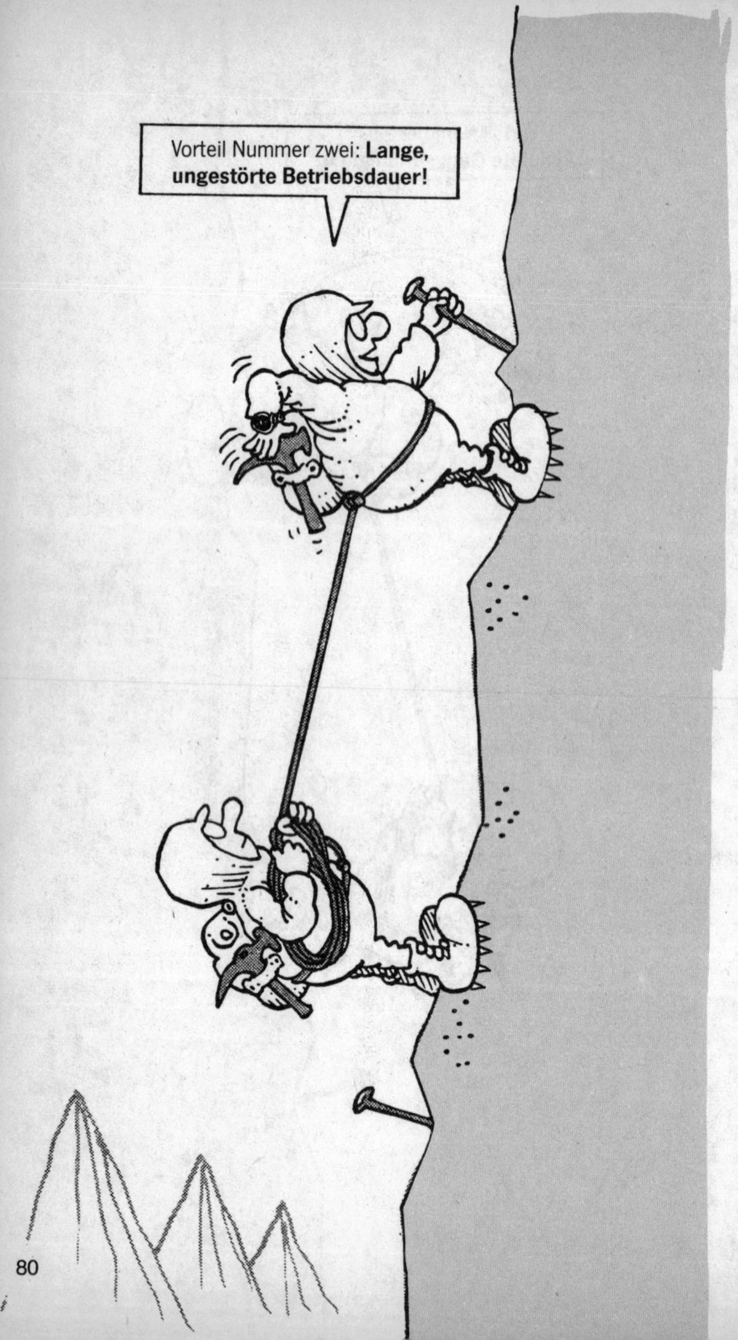
Vorteil Nummer zwei: **Lange, ungestörte Betriebsdauer!**

Und Vorteil Nummer drei:
KLARES, HELLES ABLESEN DER ZEIT AUF KNOPFDRUCK!

Leider hat sie aber auch
NACHTEILE ...

Eine ausgeflippte Schönheitschirurgen-Geschichte oder: *AN DER NASE HERUMGEFÜHRT*

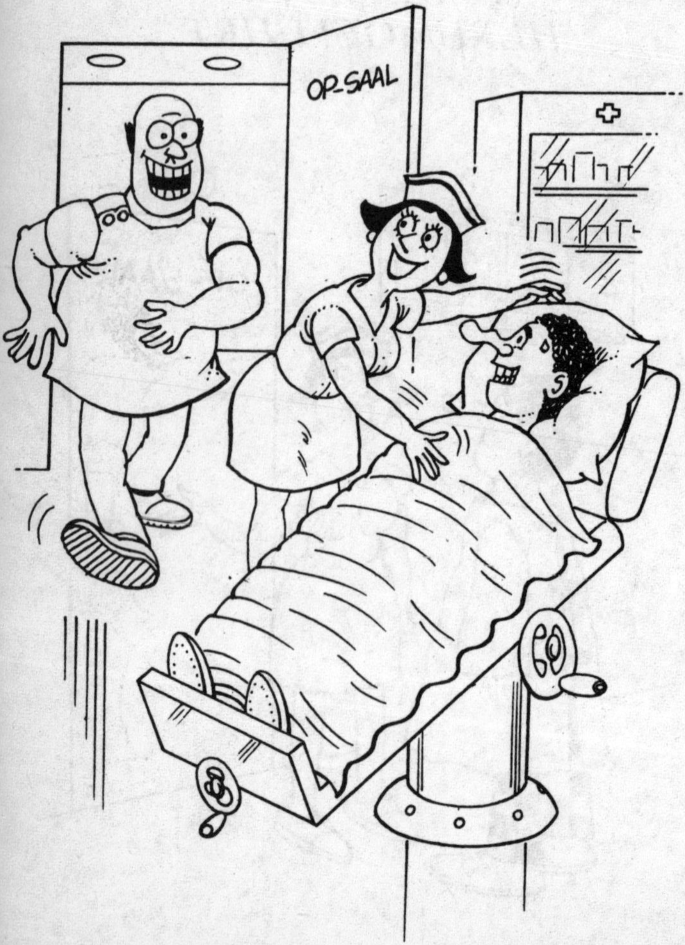
OP-SAAL

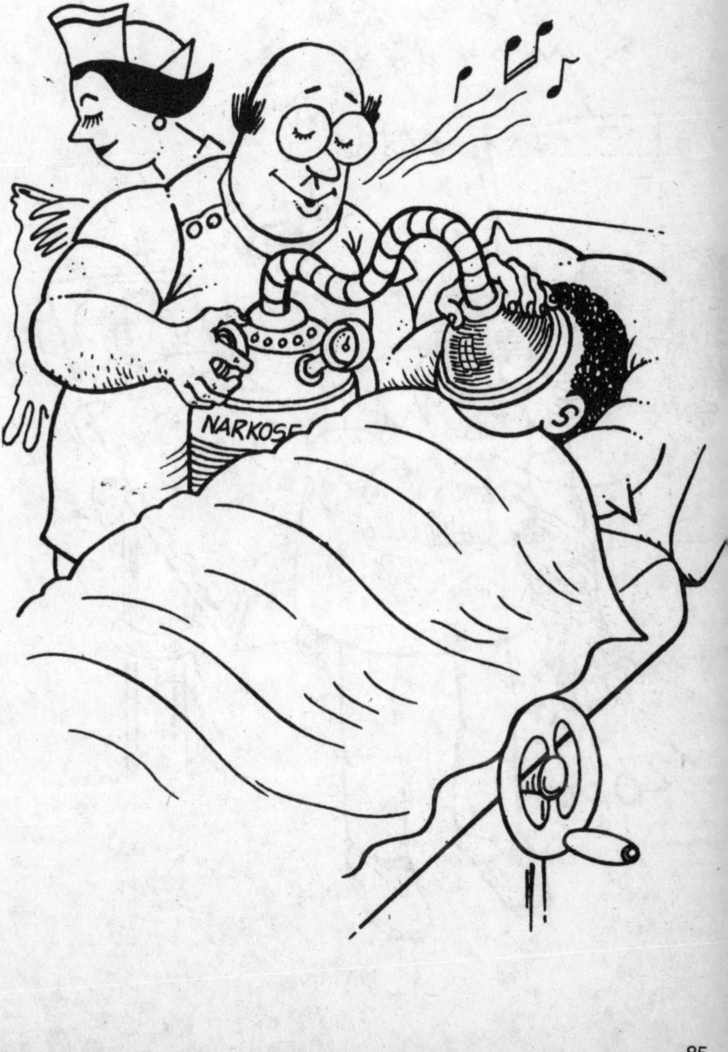
NARKOSE

PLOPP

VORHER
WÄHREND
NACHHER

ZAPP!!

Eine ausgeflippte Schnellimbiß-Geschichte
oder:
ESSEN MIT SPASS

HEUTE
1
2
3
4
5
6
7
8
9
10
11
12
13
14
15

Ich möchte einmal **NUMMER 12,** gut durch, mit 'ner Portion **Fritten!**

12

Eine ausgeflippte Galgen-Geschichte
oder:
EINEN UNSCHULDIGEN DARF MAN NIEMALS HÄNGEN LASSEN

PATSCHONK!

GNADEN
ERLASS

GNADEN
ERLASS

Einige ausgeflippte Fußspur-Geschichten oder:

DIE KUNST DES FÄHRTENLESENS

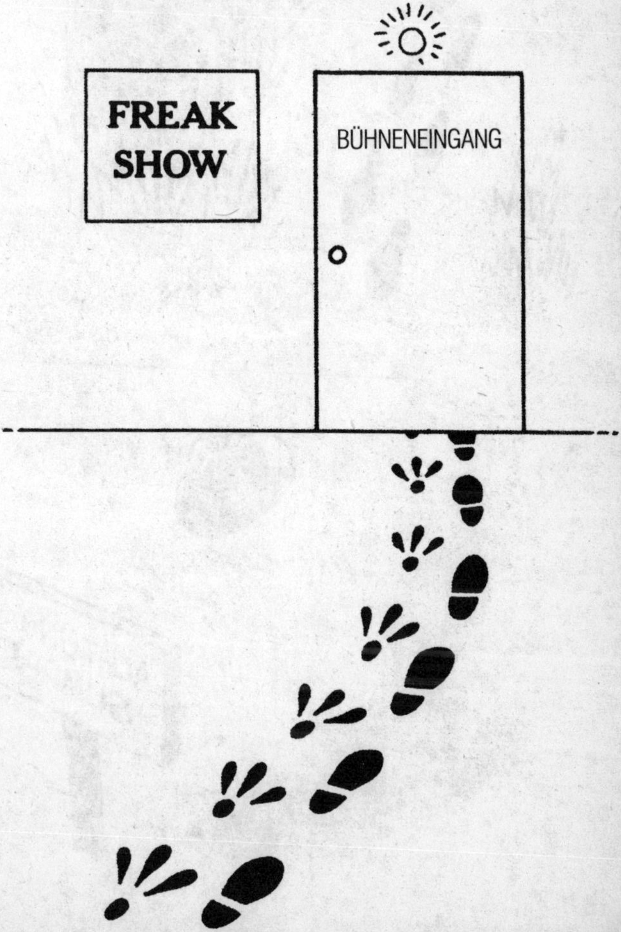

ACHTUNG
SUMPF!

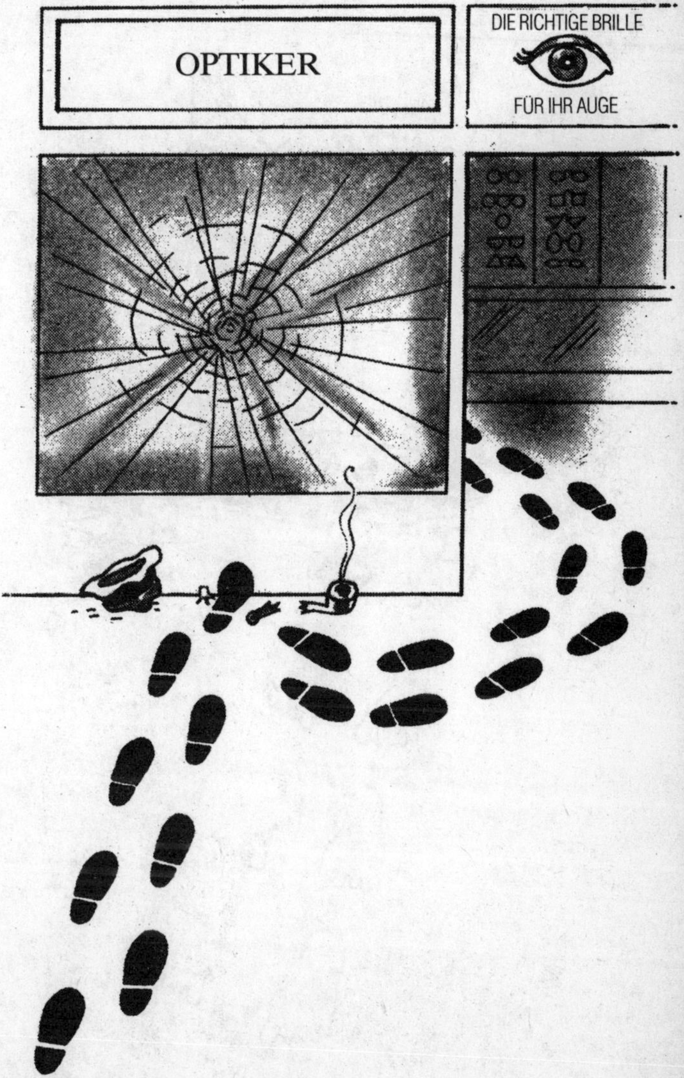
OPTIKER
DIE RICHTIGE BRILLE
FÜR IHR AUGE

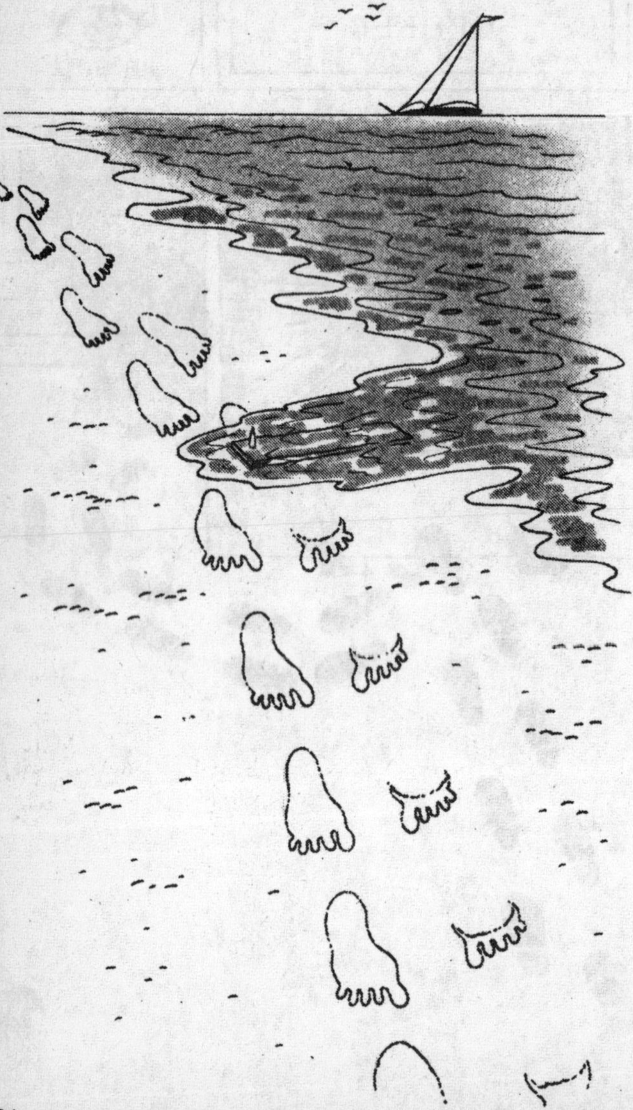

BAR
PARKHAUS
DM

SONDER-
ANGEBOT:
DIÄT-
PILLEN!
IHR
GEWICHT

JUNG-
BRUNNEN

Eine ausgeflippte Bergsteiger-Geschichte oder: *GIPFELTREFFEN*

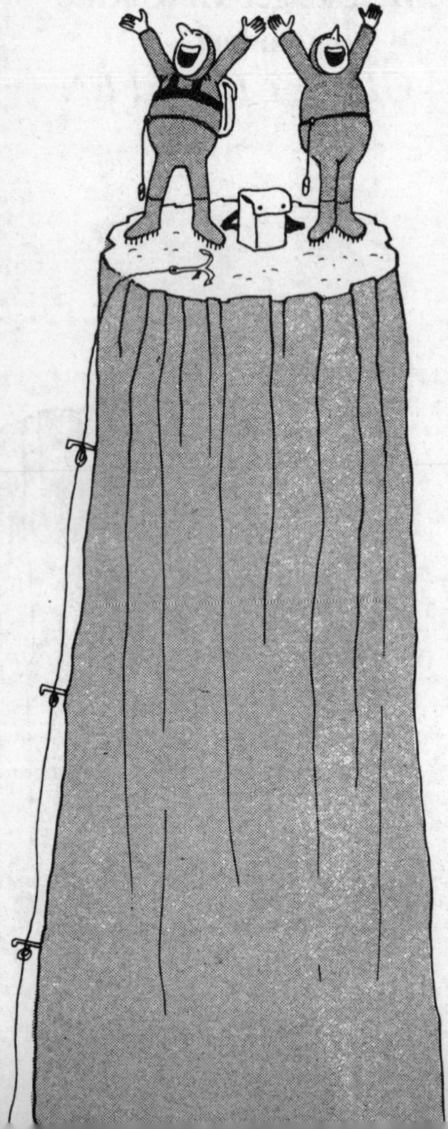

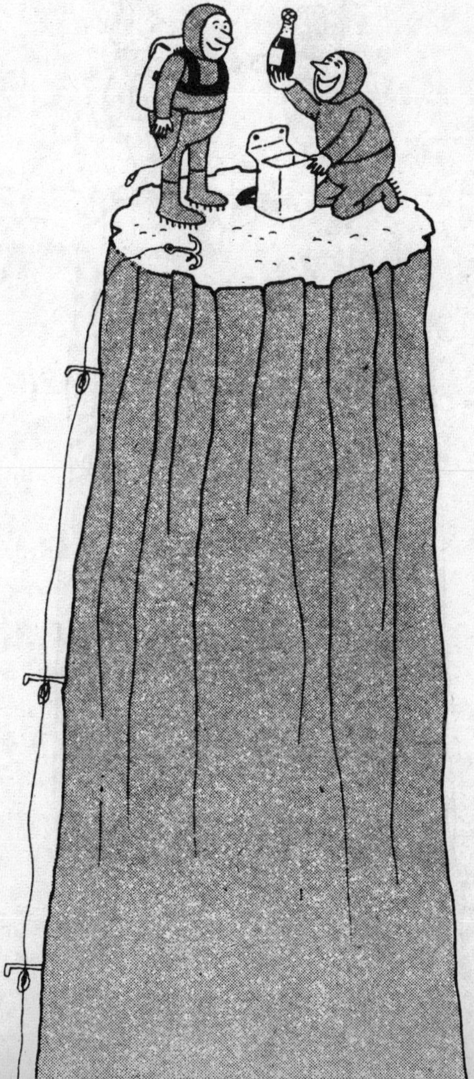

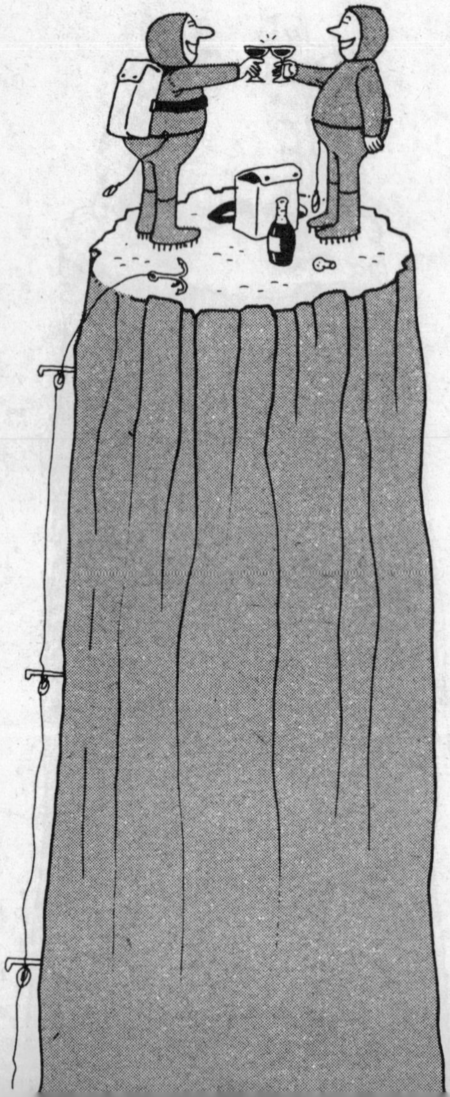

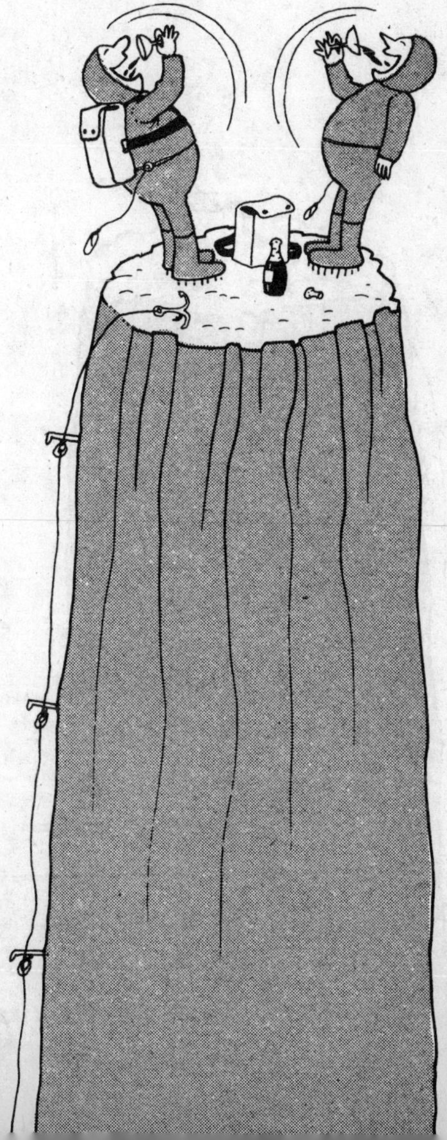

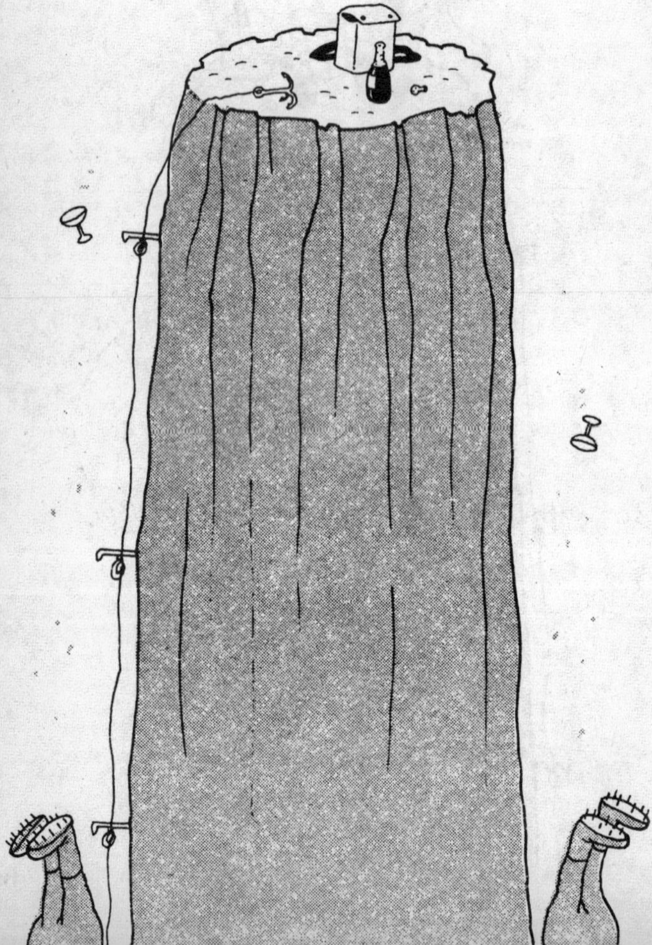

Eine ausgeflippte Taucher-Geschichte oder: *DER TRICK, DER BEINAHE BADEN GING*

Coo Coo Cola

DER GROSSE
ALFREDINI

DER GROSSE
ALFREDINI
Z

… und zwischendurch eine ausgeflippte

MINI-FREAK-GESCHICHTE

Eine ausgeflippte KingKong-Geschichte oder:
MACH UNS JA KEINE AFFENSCHANDE!

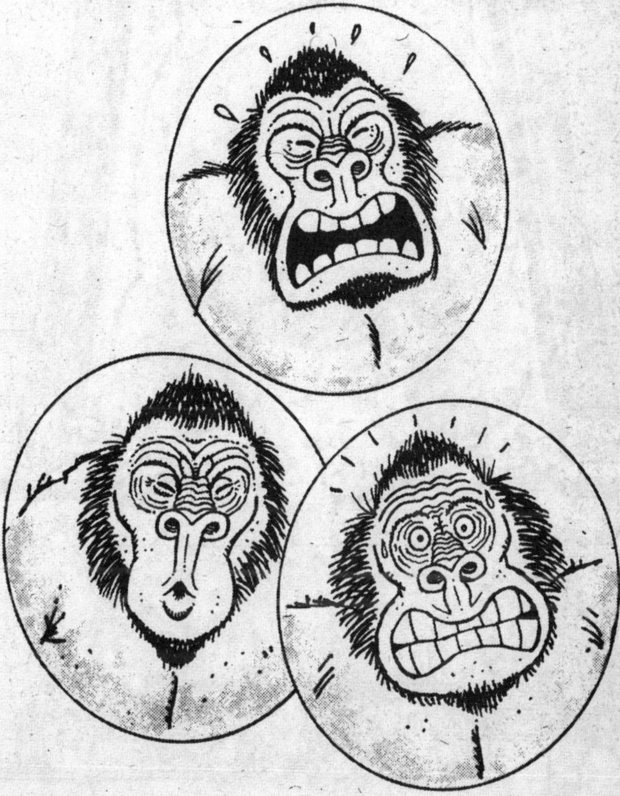

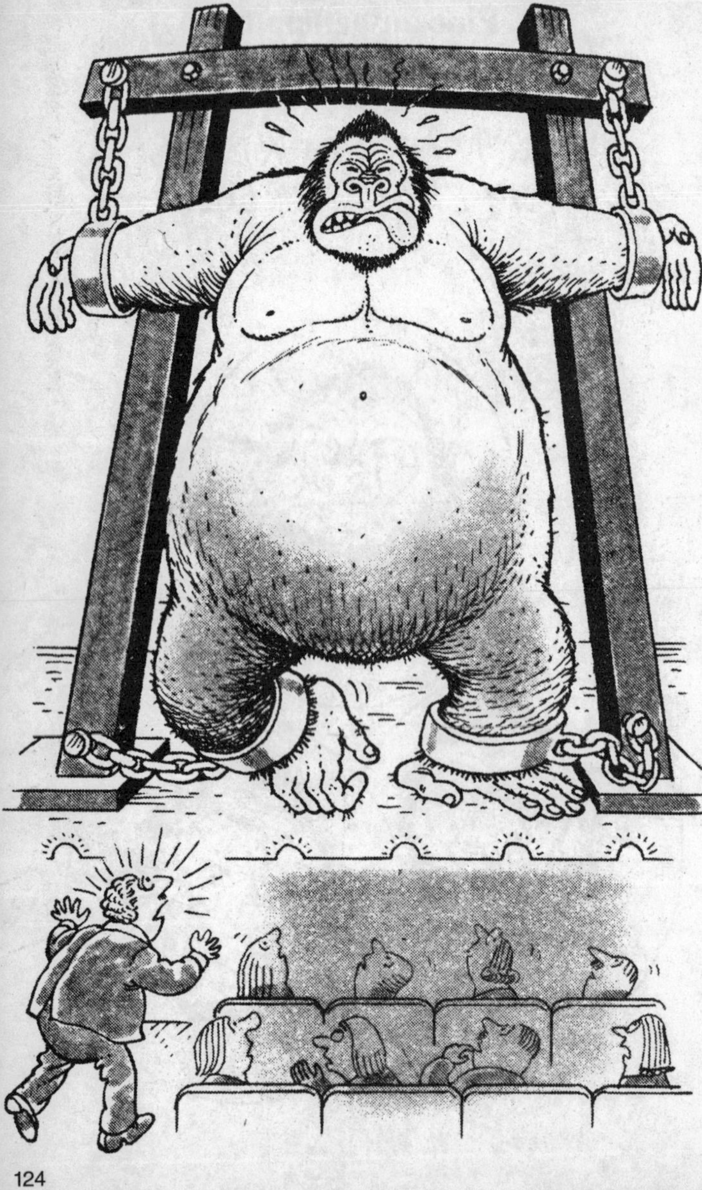

AHHHHHHHHHHH...

Eine ausgeflippte Hunde-Geschichte oder:
FÜHRUNGSWECHSEL

GEHEN

WOHNBLOCK B

KLIK!

Eine ausgeflippte Ameisenbär-Geschichte oder:

EINE LANGE ZUNGE NIMMT OFT EIN KURZES ENDE

SCHLURF!

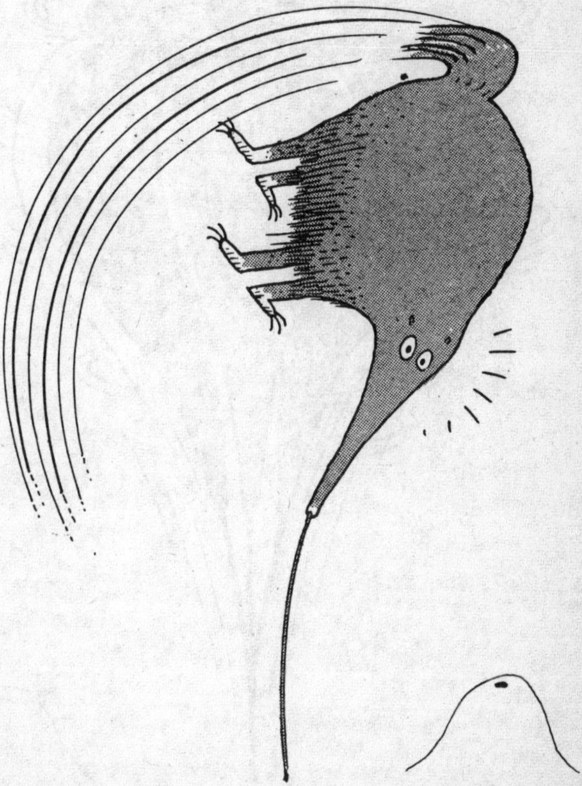

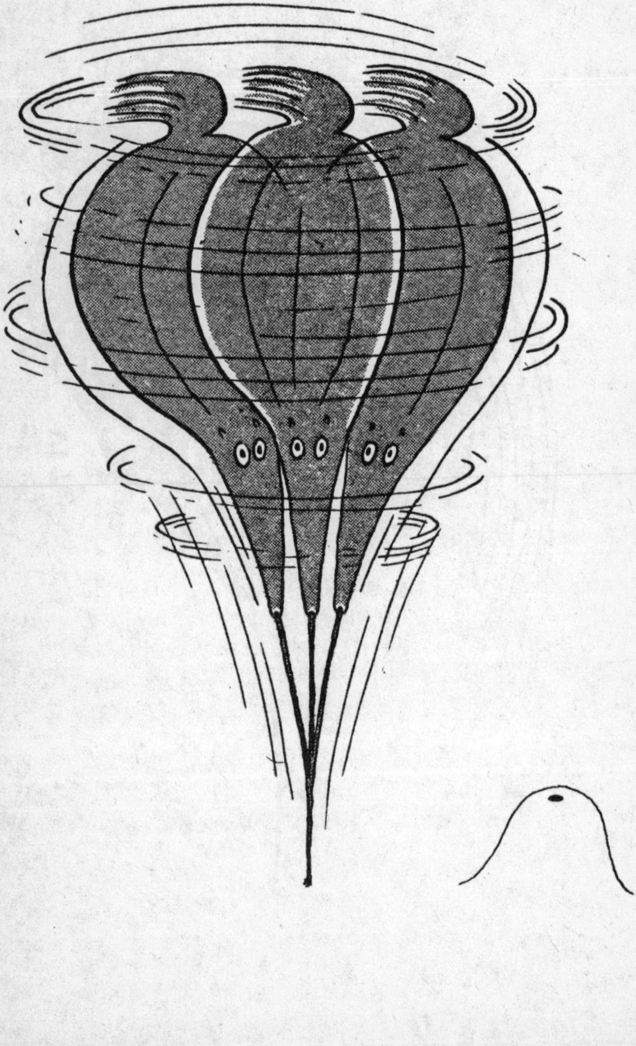

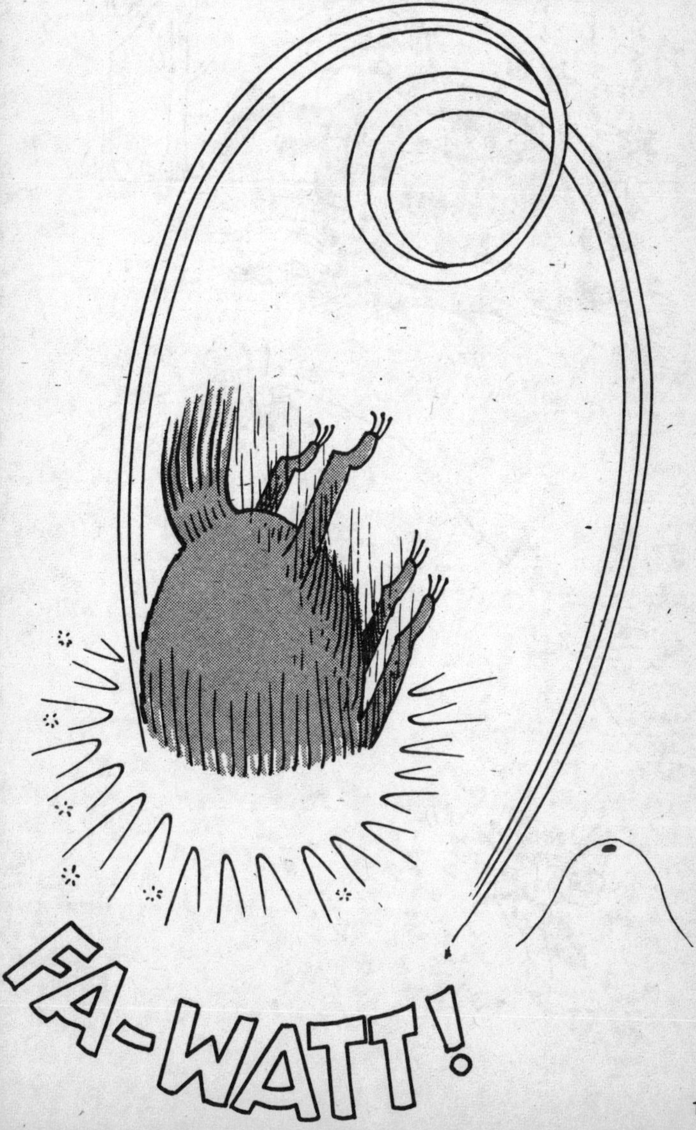
FA-WATT!

Eine ausgeflippte Glücksspiel-Geschichte oder: *DIE FRÜCHTE EINER LANGEN ARBEIT*

DM 1

DM 1

DM 1
DM 1

... und zwischendurch eine ausgeflippte

MINI-FREAK-GESCHICHTE

Eine ausgeflippte Zirkus-Geschichte
oder:
DAS GROSSMAUL

EINGANG
DM
KASSE

Und nun, meine Damen und Herren, erleben Sie, wie der **KOPF furchtlos** in den **riesigen Rachen** gesteckt wird ...!
HUCH!
WAU!!
NA SO WAS!
WIE MUTIG!

Was? So was soll **„sensationell"** sein? Darauf kann ich **verzichten!**
Komm, wir **gehen!**
„Kopf im Rachen des Löwen" ... das ist ja **tausendmal gezeigt** worden! Da holen wir uns das **Geld** zurück!!

... und zwischendurch eine ausgeflippte

MINI-FREAK-GESCHICHTE

Eine ausgeflippte Hinrichtungs-Geschichte oder:
WO FEUER IST, DA IST AUCH RAUCH

ENDE

Und jetzt schnell umblättern, damit Sie nicht wieder das Schönste im Leben verschlafen!!